AF245756

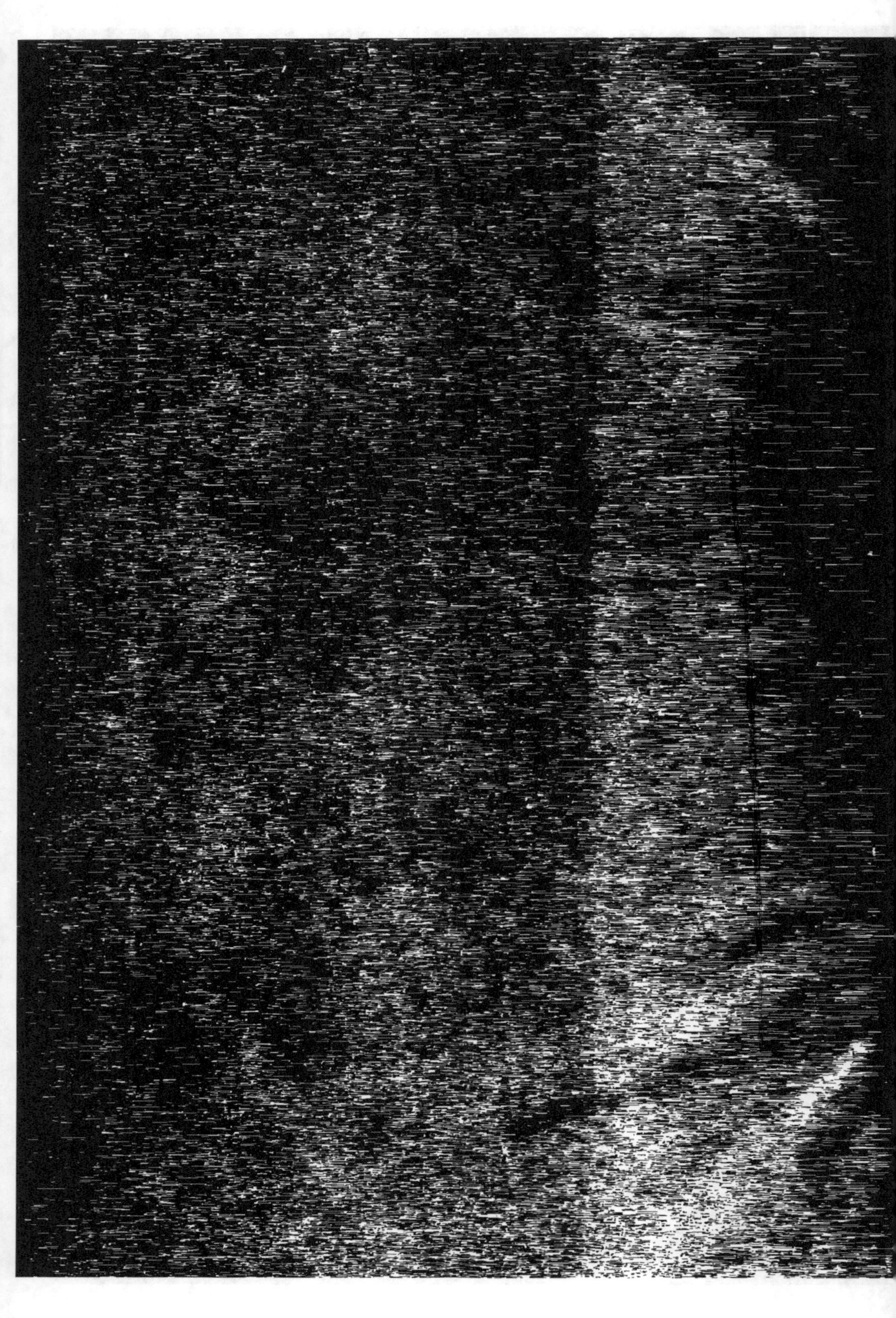

ROSA BORDAS.

ROSA BORDAS

SA BIOGRAPHIE

APPRÉCIATIONS DE LA PRESSE

ÉTUDES LITTÉRAIRES

ÉPILOGUE

Documents rassemblés et coordonnés

PAR

AM. BURION

Elle nous vient de la Provence
Où soufflent les vents de la mer,
Où l'on respire l'éloquence
Tout enfant, en respirant l'air.

(Tony Révillon.)

PARIS

L. VIEILLOT, ÉDITEUR DE LIBRAIRIE ET DE MUSIQUE

RUE NOTRE-DAME-DE-NAZARETH, 32.

1870

AVERTISSEMENT

Il nous a paru utile, au moment où s'opère une transformation complète dans l'art populaire de la Chanson, de donner satisfaction au désir de tous, et de présenter en quelques pages, au public, les traits principaux de cette étrange et puissante physionomie qui s'appelle Madame Bordas.

Qui est-elle? d'où vient elle? quels ont été ses débuts? quelle marche progressive a-t-elle suivie? Comment est-elle arrivée à passionner Paris? Nous croyons pouvoir répondre à tous ces points d'interrogation, en donnant tout d'abord une notice biographique d'une exactitude scrupuleuse, et dans laquelle sont esquissés les traits principaux de la vie d'artiste de Mme Bordas. Cette biographie, nous la prenons tout entière et sans y rien changer, dans le *Méphistophélès* du 31 Octobre 1868.

La seconde partie de ce travail se compose des articles les plus saillants qui ont paru dans la presse de province et dans celle de Paris. L'abondance des matériaux nous a contraints d'en supprimer, ou tout au moins, d'en abréger quelques-uns. Nous avons donné place dans ce recueil aux critiques sévères et quelquefois acerbes, persuadés que nous sommes que l'on nous tiendra compte de notre franchise, et que l'opinion publique saura de quel côté doit pencher la balance.

Deux études littéraires dues, l'une à la plume de Tony Révillon, l'intarissable chroniqueur de la *Petite Presse*, l'autre à celle de M. Am. Burion, servent en quelque sorte, de couronnement au modeste édifice que nous élevons en l'honneur de Rosa Bordas, notre Rachel populaire.

Nous espérons combler une lacune. C'est au public de décider si nous avons réussi.

ROSA BORDAS

———— ❦ ————

I

BIOGRAPHIE

Arts et Liberté sont si intimement unis, qu'on ne peut guère cultiver les uns sans aimer l'autre.

Au milieu des entraves de toute sorte dont est semée la carrière artistique, on a besoin de toute son indépendance, de toute sa liberté : car, ce n'est qu'à ce prix, qu'on peut trouver le talent, et surtout l'inspiration.

Le talent, en effet, ne saurait être vrai et réel, que tout autant qu'il est secondé et soutenu par l'inspiration.

Par ce temps, où le vent de la Renommée souffle sur les Thérésa, les Suzanne Lagier et les Schneider, où la cascade, déjà maîtresse et souveraine au café-concert, envahit à grands flots les théâtres; où ceux-ci ne peuvent trouver le succès que dans les drames de mauvais aloi, et les comédies malsaines, — on est heureux de rencontrer parfois sur sa route, un artiste de talent, de goût, et surtout, de cœur,

C'est en présence d'un de ces rares artistes que nous nous trouvons aujourd'hui. Et quand, à cela, s'ajoute une vie honnête et bien remplie, nous ne saurions refuser notre plume à l'esquisse de la biographie d'une femme comme Mme Bordas. — Aussi, n'avons-nous pas hésité à la placer dans ce Panthéon déjà si bien choisi.

Illustres citoyens, qui vous êtes fait un nom par votre honnêteté, vos opinions, votre talent et une longue et digne carrière, et qui vous trouvez déjà dans cette modeste galerie de province, ne rougissez plus, et ne vous étonnez pas de vous trouver en si belle et si jeune compagnie. Celle qui va y figurer désormais à vos côtés, vous la connaissez déjà, et vous devez vous rappeler par quelles voix franches et sympathiques, son nom est parvenu jusqu'à vous. Nous ne voudrions en aucune façon que vous ayez à vous repentir de votre nouvelle compagne, et c'est autant et plus pour vous, que pour nos lecteurs, que nous allons en esquisser la biographie. Ne craignez donc rien, illustres vieillards, concitoyens célèbres; car, suivant l'expression de l'auteur des *Chants du Crépuscule*, l'immortel Hugo...

« Nous vous amenons la jeune poésie,

« Chantant la vieille liberté! »

Mme BORDAS, née *Rosalie Martin*, vit le jour à Monteux, petite ville du département de Vaucluse, le 18 février 1841.

Son enfance vit apparaître et disparaître tour à tour le soleil de la Liberté, sous les traits de la bénévole République de 1848. Et cette époque, quelque courte qu'elle ait été, semble avoir laissé dans l'âme de Mme Bordas des souvenirs ineffaçables. Elle se plaît elle-même à raconter, qu'aux beaux jours de 1848, elle apprit à chanter la *Marseillaise*, sur les genoux de son grand-père, et l'impression que laissèrent sur elle ces accents du patriotisme et de la liberté, fut décisive pour le reste de sa vie.

Mais hélas! en butte aux préjugés et aux vieilles coutumes de la bourgeoisie contemporaine, la jeune Rosalie Martin dut quitter les chants de Rouget de l'Isle pour les hymnes et les cantiques d'église. De sept à onze ans, elle dut passer ces premières années de son enfance dans un couvent. Quelquefois, le dimanche, on venait la chercher pour chanter au lutrin de la paroisse, et sa voix, déjà forte et sympathique, les cris de son âme encore naïve et jeune, lui valurent chez les paroissiens de Monteux le surnom de *Coq de la paroisse.* — C'est dans cet entourage religieux et catholique, qu'elle fit donc ses premières études de chant, et son talent déjà compréhensible pour tout homme intelligent, fut remarqué tout d'abord par M. Brun, directeur du Conservatoire d'Avignon.

Ce fut au milieu de circonstances pénibles pour la famille de la jeune Rosalie Martin, que le talent de notre artiste aimée put se dévoiler complétement.

Nous n'entrerons pas ici dans les détails qui précédèrent et suivirent l'apparition des qualités toutes de cœur et d'art de la jeune Rosalie Martin. Disons seulement que la famille Martin, placée dans des circonstances difficiles, — qui parfois, trop souvent même, sont l'apanage de toute entreprise commerciale, quelque honnête et bien conduite qu'elle puisse être, — dut faire appel aux brillantes qualités et à l'excellent cœur de la jeune Rosalie. Celle-ci répondit comme elle devait, en noble et généreuse fille, à la demande très-naturelle de ses parents, dont l'honneur et les intérêts, sans elle, se fussent trouvés compromis. Le café que tenait la famille Martin à Monteux, retentit des chants de la jeune artiste ; une foule immense y vint pour l'entendre ; tous les jours croissante, tous les jours plus enthousiaste et plus éprise du talent de Rosalie Martin. Avec l'argent que l'on put retirer de ces représentations improvisées, la famille put faire honneur à sa signature et continuer son commerce.

Cette carrière, commencée par une bonne action, ce talent déployé pour une œuvre généreuse, portèrent bonheur à la jeune chanteuse, et ce bonheur ne s'est jamais démenti. Puisse-t-il durer longtemps, car il est mérité et juste !

Les représentations de Rosalie Martin se continuèrent

quelque temps à Monteux ; elle faisait tout d'abord à elle seule, et sans accompagnement aucun, les frais de la soirée. Bientôt, la voix de Rosalie Martin se mêla aux sons de l'instrument d'un jeune musicien, déjà connu, et plein d'avenir, M. Bordas, dont elle fut bientôt éprise. Refusant le parti qu'on lui proposait, et n'écoutant que la voix de son cœur, Mlle Rosalie Martin devint Mme Bordas (1858).

Les deux nouveaux époux partirent, et allèrent mener cette aventureuse vie de Bohême, inhérente à tout artiste indépendant et fier.

Au début, ils furent engagés tous les deux (car M. et Mme Bordas sont les deux meilleurs époux que nous connaissions) dans un café de Mayanne. C'est là qu'est né Mistral, l'auteur de *Mireille,* le poète provençal, dont les idées libérales et le talent original sont bien connus de nous tous. — Grâce au patronage de Mistral, M. et Mme Bordas purent réussir dans leur carrière, dès lors brillante et prospère.

En 1866, des engagements plus sérieux appelèrent Mme Bordas au Tivoli d'Avignon, où elle se trouva en compagnie du charmant Challier, le petit bossu ; — puis au Casino de Marseille, et ensuite, à celui de Lyon.

En 1867, Mme Bordas chantait à l'Alcazar de Bordeaux : c'est là qu'elle créa plusieurs morceaux, qui révélèrent chez elle de grandes qualités artistiques ; ce sont : *la Sirène, l'Herbe, la Pierre, la Femme tigrée.*

La même année, de retour à Marseille, Mme Bordas, créa au Casino, *le Réveil de la Crète,* dont l'actualité et son talent inimitable firent pour elle un de ses plus francs et plus légitimes succès.

De Marseille, Mme Bordas passa à Montpellier, où elle a laissé des souvenirs ineffaçables. — Depuis le 2 octobre, elle est à Toulouse, et trois semaines à peine ont suffi pour lui faire un renom éclatant dans notre ville.

Ici comme ailleurs, Mme Bordas a rencontré l'accueil le plus chaleureux, le succès le plus franc, l'enthousiasme le plus pur. C'est que son répertoire est choisi parmi les plus patriotiques et les plus généreuses de nos chansons. C'est que ses morceaux ont nom : *le Vengeur, l'Ame de la Pologne, la Canaille, Jean Bart, Vive la France !*

Quiconque l'a entendue chanter le récit du combat du 13 prairial an II, greffé sur les paroles naïves et la musique peu élevée de *Gille* (c'est le nom de l'auteur du *Vengeur*) — quiconque l'a entendue prononcer ces deux mots auxquels elle seule sait donner une expression magique et un caractère inimitable :

« Les Marins de la République ! »

quiconque l'a vue mimer cette scène, — qui pour nous est tout un poème et tout un drame, — ne saurait se retirer du Catelan, sans ce tremblement nerveux, sans ce délire passif, qui accompagne d'ordinaire toute émotion aussi violente que naturelle et vraie. . . . .

. . . .

Bientôt, trop tôt peut-être, Mme Bordas, vous allez quitter notre ville ; partout et toujours vous trouverez le succès et l'estime qui vous sont dus. — Mais, le meilleur souhait que nous puissions vous faire, c'est de rencontrer le même enthousiasme, le même délire, dont vous êtes chaque soir témoin dans notre salle du Catelan.

Pour nous, comme pour tous vos nombreux admirateurs, nous n'avons désormais que deux choses à faire, lorsque nous nous retrouverons en votre présence : nous découvrir, car vous êtes l'honnêteté ; nous incliner, car vous êtes le talent !

Léon Vidal.

II

APPRÉCIATIONS DE LA PRESSE

PRESSE DE PROVINCE

C'est de la province, de la terre privilégiée des troubadours que nous est venue Mme Bordas. C'est sous un chaud soleil que l'on a vu éclore, grandir, se développer cette énergique nature. Paris, la grande ville qui donne la consécration à tous les talents, à toutes les gloires, n'a eu, pour ainsi dire, que le second rayonnement de cette étoile du Midi. Il est donc de toute justice que nous donnions la première place dans cette revue à la presse de province, cette pépinière d'où sont sortis tant de rudes polémistes, de vaillants écrivains.

Nous suivrons l'ordre chronologique des divers journaux dont nous allons successivement reproduire ou analyser les articles.

L'Émancipation (DE TOULOUSE).

22 Décembre 1869.

On lit dans la chronique locale :

« Nous avons plusieurs fois entretenu nos lecteurs du succès qu'obtenait, sur la scène populaire du Pré-Catelan, une artiste d'un vrai mérite, qui a fait des fanatiques dans notre ville, et dont chaque représentation était l'occasion d'une ovation comme n'en obtiennent que bien rarement les meilleurs artistes sur les scènes les plus élevées. C'est que Mme Bordas a des inspirations et des élans d'une spontanéité communicative, et que l'artiste apporte tout son cœur et tout son enthousiasme dans l'interprétation des chants populaires auxquels elle a plus spécialement consacré sa verve endiablée et son talent hors ligne.

« Tôt ou tard, Mme Bordas devait être appelée à Paris. Cette heure a sonné pour la vaillante artiste. Elle nous fera prochainement ses adieux ; mais, en attendant son départ regretté, elle donne, demain jeudi, à son bénéfice, une représentation qui sera nécessairement un triomphe signalé, comme l'an dernier, par une avalanche de couronnes. Tous nos vœux accompagnent Mme Bordas dans sa carrière artistique, et, de loin, comme de près, Toulouse applaudira toujours avec bonheur aux succès qui lui sont réservés.

« GENTY MAGRE. »

Le Progrès du Nord

28 Mars 1870.

L'auteur de l'article, M. Albert Lhermitte, après avoir consacré quelques paragraphes à la partie instrumentale du grand Concert Parisien, et avoir signalé les succès de Maria Lagy sur cette scène, rappelle le désir formulé par un dessinateur de talent, M. Émile D...

« Supposez, que la même femme, avec le même talent, chante quelque air patriotique, et comme l'auditoire sera enlevé, comme l'art y gagnera !... »

M. Albert Lhermitte ajoute :

« Ce rêve s'est réalisé, et dans cette même salle, Mme Bordas est
venue apporter la passion populaire.

Suit le portrait de la diva

« La voilà maintenant sur les planches, toute transfigurée (continue
l'auteur). Elle est vêtue d'une étoffe blanche et laineuse.... Elle porte
dans les cheveux quelques ornements massifs et dorés, souvenir de la
Provence, sa patrie.

« Dès les premières mesures, ses mouvements impétueux, ses gestes
excessifs, les éclats immodérés de cette voix qui emplirait un vaisseau
trois fois grand comme l'Opéra, causent une impression étrange et
presque d'effroi, le cœur se serre. C'est une paysanne qui, dans
l'invasion, a vu sa fille égorgée par les ennemis. C'est d'un réalisme
effrayant. C'est bien la femme du peuple que vous avez devant vous,
cette femme aux passions violentes, qui ne sait ménager ni son langage, ni sa voix, ni son geste. »

Les applaudissements éclatent.

« Ils sont mérités, poursuit M. Lhermitte. Des esprits chagrins re-
prochent à Mme Bordas de n'être pas musicienne. Que veulent-ils dire?
Qu'elle ne vocalise pas? Mais ce serait la chose la plus ridicule dans son
répertoire. Elle sait respirer ; elle sait phraser ; ses intonations sont
toujours justes et pleines ; elle a de l'expression, du feu, de la passion.
Trouvez donc beaucoup de cantatrices de renom dont on puisse en dire
autant. Nous ne savons si elle a reçu les leçons de quelque maître, de
Darcier, par exemple ; mais, en le suivant, elle a certainement gardé
toute son originalité, tout son propre caractère. »

Le critique, et c'est son droit, donne ensuite à la chanteuse
des conseils empreints de sagesse et de bienveillance , il lui
demande de ménager sa voix, de travailler les nuances, les
contrastes, et constate les résultats déjà obtenus dans ce sens
par Mme Bordas, dans le fameux refrain : C'est la Canaille!
Eh bien, j'en suis !

Il termine par cet éloquent paragraphe :

« Rendons grâce à la vaillante artiste qui a eu le mérite de faire écou-
ter et applaudir les plus grandes pensées dans un milieu consacré aux
gaudrioles et aux fadaises : la haine de la guerre, l'héroïsme patriotique, l'indépendance républicaine, la pitié pour les souffrances du travailleur et les égarements du misérable. C'est de ces sentiments qu'elle

entretient tous les soirs une foule charmée; et si l'art n'est pas le passe-temps frivole des gens oisifs, n'est-ce point là son rôle et son but? »

L'Éclaireur (DE SAINT-ÉTIENNE).

10 Février 1870.

Voici l'article qui a paru dans la chronique locale :

« Nous empruntons au *Démocrate du Midi*, journal d'Avignon, une chanson de M. Al. Bouvier qui obtient, en ce moment, à Paris, un grand succès... Mme Bordas, l'interprète admirablement, et chaque fois qu'elle la chante, elle excite l'enthousiasme de tout son auditoire. »

Suit la chanson de *la Canaille*, et l'appréciation de l'œuvre éminemment réaliste et empoignante d'Alexis Bouvier, à laquelle la musique de Darcier a imprimé un cachet saisissant d'originalité et d'énergie.

LA PRESSE PARISIENNE

Messager des Théâtres et des Arts

20 Janvier 1870.

« Bordas,

« Sur toutes les baraques du jour de l'an, on a pu lire ce nom plusieurs milliers de fois répété : Bordas ! Bien des gens se sont demandé ce que signifiait cette énigme.

« Bordas est le nom que porte une femme chez laquelle on ne soupçonnerait pas, à première vue, une organisation tout exceptionnelle. Mais, quand on l'entend chanter, on se sent profondément ému par cette voix chaude, puissante, dont les accents énergiques trouvent un écho dans les âmes les plus bronzées. Il faut la voir, enveloppée dans les plis du trapeau tricolore, l'œil inspiré, la narine frémissante, lancer à plein gosier ce cri désespéré qui s'appelle : *l'Ame de la Pologne*. Quels élans ! quelle passion ! quel feu ! et pourtant, quelle pureté de diction ! Aussi, la salle du Concert Parisien, bondée autant qu'elle peut l'être, était-elle transportée d'enthousiasme. Plusieurs fois de suite, Mme Bordas a été rappelée et applaudie frénétiquement.

« C'est M. Mistral, l'auteur de *Mireille*, qui, le premier, a encouragé Mᵐᵉ Bordas, et lui a prédit le succès. C'est à Toulouse où elle faisait fureur, que l'a engagée M. Valentin pour la faire débuter dans la capitale.

« La chanteuse méridionale ne tardera pas à être connue de tout Paris : des talents comme celui-là ne peuvent pas rester dans l'ombre.

« ALFRED AUBERT. »

L'Opinion Nationale

24 Janvier 1870.

Sous la signature de J. Clarétie, le jeune et ardent publiciste qui s'est fait si rapidement un nom dans la littérature, nous lisons le passage suivant, extrait du feuilleton théâtral :

« Je tiens beaucoup à dire un mot encore de cette artiste populaire, dont j'annonçais les débuts l'autre jour. Tout se tient, dans le mouvement qui entraîne les esprits vers un même but. Le peuple avait ses tribuns, il a maintenant sa chanteuse. — La vieille chanson française déformée, salie par les folies des années dernières, reparaît dans son énergie, sous les traits d'une femme inconnue hier, demain célèbre, et qui chante dans un café-concert de fantaisie, devant un public d'ouvriers.

« Elle s'appelle Mᵐᵉ Bordas. Elle a couru tout le Midi : Avignon, Marseille, Toulouse, jetant au vent ses refrains superbes. Elle a passionné ces foules ardentes, les Avignonnais et les Toulousains, et on l'aimait là-bas avec la fureur des passions écloses sous le soleil qui mûrit le muscat. C'est une grande jeune femme, aux cheveux châtains qui, dans un couplet, dans un refrain, met toute son âme, âme simple et forte, mâle, résolue, populaire.

« Un drapeau à la main, les cheveux épars, vraie déesse de la Liberté, elle apparaît, le geste fiévreux, et chante d'une voix vibrante les douleurs de la Pologne étouffée ou les espérances de la France qui se relève. Je n'ai point entendu Rachel chanter, râler la *Marseillaise*. Mais Mᵐᵉ Bordas, lorsqu'elle s'enveloppe frissonnante dans les plis du drapeau tricolore, a des attitudes sculpturales que l'interprète de Corneille lui eût envies.

« Que de défauts chez cette nouvelle venue que Paris va adopter ! une exagération, un élan qui dépassent le but souvent ; mais quelle vigoureuse conviction ! Quelle puissance de sympathie et d'entraînement! Drapée dans les trois couleurs, elle se fait de ces plis superbes tantôt un linceul, tantôt une égide.

« Elle chante l'agonie d'un peuple avec une voix désespérée qui vous fait passer sur la peau le frisson du patriotisme vaincu. Elle se cramponne à cette hampe sacrée avec une opiniâtreté héroïque. Elle dit : « Je suis celle qui ne meurt pas! » Comme une martyre dirait: « Je suis celle qui ne veut pas mourir! »

L'Opinion Nationale

6 Février 1870.

M. Ludovic Hans, dans sa chronique parisienne, apprécie à un autre point de vue la diva populaire.

Après avoir constaté l'impression produite par Mme Bordas dans son *hymne de la Pologne,* il ajoute :

« Avec sa robe blanche et sa chevelure épaisse, Mme Bordas a l'aspect d'une déesse de la Liberté qui aurait jeté son bonnet phrygien par dessus les bastilles. Certes, si elle a conçu toute seule cette mimique saisissante, jamais tempérament dramatique ne s'est accusé avec une véhémence pareille.

« Si j'insiste autant sur mes impressions, c'est pour dire un mot, à leur sujet, de ce que je voudrais appeler l'*art populaire.* Je ne discuterai pas la valeur littéraire des morceaux que l'artiste a interprétés devant moi. Je constaterai simplement que dans leur trivialité cherchée, ils procèdent d'une inspiration autrement honorable que les polissonneries sans esprit qu'une célèbre chanteuse de cafés mit, il y a quelques années, à la mode.

« J'aime infiniment mieux la *Canaille,* une des chansons les plus acclamées de Mme Bordas, que le *Sapeur,* de sinistre mémoire ; mais j'aime encore beaucoup mieux le *Chant des ouvriers* de Pierre Dupont, qui est un chef-d'œuvre. »

M. Hans continue son article en se demandant si les Iambes d'Aug. Barbier ne pourraient pas servir de thème à Mme Bordas, qu'il estime plus encore comme diseuse que comme chanteuse, et il termine par un mot adorable à l'adresse des ouvriers qu'il appelle des « auditeurs moins blasés, « plus neufs d'esprit, plus honorablement naïfs, dans le sens « charmant du mot. »

Le Réveil

28 Janvier 1870.

M. Eug. Razoua, dans un éloquent entre-filet intitulé : *La Canaille*, commence par citer les deux premières strophes de la chanson populaire ; puis après avoir dit qu'il fait partie de cette masse de travailleurs qui porte le poids du jour et de la chaleur, il ajoute :

« Voilà les réflexions qui nous assaillaient hier au soir en écoutant, au milieu d'une salle frémissante d'enthousiasme, la mâle chanson d'Alexis Bouvier et Darcier, qu'une femme splendidement belle, Mᵐᵉ Bordas, chantait, au Concert Parisien, avec autant d'âme que de talent.

« Spectacle populaire, le café concert, livré à des pitres honteux, à des baladines sans talent, à des œuvres et à des auteurs sans valeur et sans pudeur..... a été détourné de sa véritable mission.

« Nous ne pouvons qu'applaudir aux efforts du directeur du *concert Parisien* qui, pour remonter le courant bourbeux, a su découvrir en Mᵐᵉ Rosa Bordas une artiste de talent et de cœur. »

Le Siècle

7 Février 1870.

M. Pierre Loiseau, dans ses nouvelles politiques, fait une excursion sur le terrain de l'art. Voici ce qu'il dit à l'endroit de Mᵐᵉ Bordas :

« Une jeune cantatrice populaire est peut-être entrain de recueillir la succession de Thérésa, avec cette différence qu'elle cultive la chanson patriotique.

« C'est Mᵐᵉ Bordas.

« Rarement une pareille entente plastique s'est conciliée avec une telle puissance d'enthousiasme. Il n'y a rien que de moral dans ce répertoire, et mieux vaut sans doute exalter le patriotisme des foules que d'évoquer devant elles des images graveleuses. »

Le chroniqueur reproche ensuite à l'administration d'avoir refusé l'autorisation de chanter le *Vengeur*. Ce qui était exact au 7 février 1870, n'est plus aujourd'hui qu'un souvenir, puisque Mme Bordas chante, aux applaudissements enfiévrés de la foule, cet hymne à la gloire des marins de la République, et que son succès grandit chaque soir.

Le Siècle

17 Mars 1870.

Nous lisons dans les échos de l'humoristique Oscar Comettant :

« Signe des temps ! — La vogue n'est plus à Thérésa chantant la *Femme à barbe*, le *Sapeur* et autres inepties triviales. Elle est en ce moment à Mme Bordas qui chante les hymnes patriotiques avec un feu, une vigueur d'accents et de gestes vraiment remarquables. Cette chanteuse populaire de la renaissance patriotique est engagée par M. Roqueplan, et chantera tous les soirs dans *Paris-Revue*. »

La Cloche

1er Mars 1870.

Madame BORDAS au grand Concert Parisien.

« Mme Bordas n'est pas jolie ; elle le sait, et c'est son moindre souci : elle ne songe pas à le paraître, et je vous assure qu'elle ne fait pas la *bouche en cœur*. Mais, quelle artiste ! Tout est vigoureux et mâle chez elle ; elle a le feu sacré, et quand elle chante, on voit qu'elle est convaincue que ce qu'elle chante est *arrivé*.

« Il faut l'entendre dans *Madeleine :* Madeleine, dont on a brûlé la ferme, et dont l'enfant a été égorgé par l'ennemi !...

« Avec quels éclats et quelle vigueur elle appelle les gars d'alentour à la vengeance !...

« En entendant Mme Bordas, nous faisions un rapprochement entre elle et Thérésa.

« Nous nous rappelions l'enthousiasme de cette foule affolée de plaisir, de plaisir seulement, qui applaudissait avec frénésie les chansons équivoques de cette prima dona de l'Alcazar. Et en voyant le public écoutant sans emphase, des larmes dans les yeux, la cantatrice démocratique, nous nous disions : Il y a cinq ans, on l'eût traitée

de braillarde, cette artiste; aujourd'hui, elle touche, elle émeut!...
Il y a donc progrès dans le goût et dans l'esprit public. Tout va
mieux ! »

L. L.

Le Constitutionnel

5 Mars 1870.

La parole est au grave *Constitutionnel*. Nous regrettons
que les dimensions de l'article de M. A. Rénal, ne nous per-
mettent pas de l'insérer intégralement. Cela grossirait outre
mesure notre revue, et puis, à cette philippique, la politique
n'est pas tellement étrangère que nous puissions le faire
sans danger.

Quelques fleurs seulement de ce bouquet que l'antique
valétudinaire de la rue de Valois est venu mettre sous le
nez de :

« la compagnonne, au costume tragique, au geste convulsif, dont la
« voix hurle les chants socialistes, philosophiques, ce que les poètes
« du lieu appellent l'enivrante chanson du travailleur. »

... « Il faut voir avec quels haut-le-corps la dame lance sa *liberté*...
Elle rejette ses bras en arrière, ouvre démesurément la bouche, et
le cri sort. Elle a un autre chant avec lequel elle réussit encore
mieux qu'avec le précédent à électriser les consommateurs, et
à produire les plus grands débordements d'enthousiasme ; il a pour
titre : *la Canaille*. »

Suit une tirade à fond de train sur ce pauvre chant qui
n'en peut mais :

« Le souffle mélodique que l'on a mêlé à ces mots — continue
M. Rénal — et à ces idées ne saurait être confondu avec celui que
Rouget de Lisle a mis dans la *Marseillaise* ; il a néanmoins un lyrisme quelconque, et n'est point exempt de passion. Mais ce qui le relève, c'est l'interprète. Elle a trouvé la vraie manière de dire avec une
mimique des mieux assorties à l'idée :

C'est la canaille,
Eh bien! j'en suis !

« On s'en aperçoit tout de suite, non-seulement aux écarts du geste et au cri rauque, mais surtout à la violente sympathie qui s'établit entre la chanteuse et ceux qui l'écoutent. »

Nous demandons la permission à l'aristarque du grand journal politique de ne pas poursuivre les citations. Madame Bordas, comme Théroigne de Méricourt, assise sur un canon, nous semble par trop entrer dans le domaine fantaisiste.

Quoi qu'ai pu dire cependant l'auteur de l'article, il n'a pas pu se dérober à la vérité ; il a reconnu le tempérament, l'influence de la chanteuse méridionale..... *habemus confiten-tem.....*

Le Citoyen

7 Mars 1870.

Le journal le *Citoyen*, par la plume autorisée de M. Albert Brun, s'est chargé de réfuter ce que renfermait d'excessif le précédent article.

« Les cafés-concerts, dit M. Albert Brun, suivent naturellément la vogue du jour, et ce n'est pas nous qui nous plaindrons que l'agitation politique des faubourgs se soit refugiée dans leurs salles, où l'on consomme assez, mais où l'ivresse n'agite pas ses fureurs, comme se plaît trop à le dire, avec une pointe de mauvaise foi, le *Constitutionnel*.

... « Nous lui demandons si les cascades qui se débitaient jadis étaient des modèles d'hygiène morale.

« Pour nous, nous nous félicitons sincèrement que le répertoire de Mme Bordas, par exemple, auquel il fait allusion, ait remplacé certaines excentricités de Thérésa, que le *Pied qui r'mue* ait cédé le pas à la *grande chanson* de MM. Banville et Salvini, si originale, si vibrante, et qu'enfin la *Femme à barbe* soit mise de côté pour un rude chant populaire, auquel le *Constitutionnel* lui-même reconnaît un lyrisme quelconque non exempt de passion. »

Le Citoyen

15 Mars 1870.

On lit dans l'article *Théâtres,* sous la signature de G. Dangelle :

« Le Théâtre du Châtelet qui s'occupe activement de la reprise du drame : *les Cosaques* — considérablement purgé de chauvinisme, dit-on — vient d'engager l'étoile populaire actuelle par excellence, Mme Bordas.

« Pourquoi la direction ne monte-t-elle pas plutôt un drame inédit... avec un soupçon de *Marseillaise ?*

« La *Marseillaise* avec Mme Bordas, ah !... M. Roqueplan ! quel succès ce serait !...

Le Rappel

11 Mars 1870.

Le *Passant* consacre, dans sa revue des théâtres, les lignes suivantes à Mme Bordas :

Théâtre du Châtelet. — Madame BORDAS.

« Mme Bordas, la chanteuse populaire... a débuté hier au Théâtre du Châtelet, son succès a été formidable.

« Elle a dit la *Canaille*, une de ses chansons les mieux faites avec un talent réel, — car, en dépit de... certains journaux, il existe, ce talent ! il est sauvage, inculte, mais il a pour qualité dominante « d'empoigner » le spectateur. Sans se rendre bien compte de la sensation qu'il éprouve, il est tout surpris de se sentir ému et entraîné. »

Dans le même numéro, M. Ernest Blum, le spirituel chroniqueur de *derrière la toile,* s'exprime ainsi :

« Après le succès que Mme Bordas a obtenu hier au Châtelet, M. Roqueplan a immédiatement signé avec la diva populaire un engagement pour une série de huit représentations, à un chiffre qui devrait commencer à faire rêver Mlle Thérésa. »

La Marseillaise

21 Mars 1870.

Le bulletin des théâtres contient l'entre-filet suivant :

« Mme Bordas a paru hier pour la première fois sur un théâtre. L'immense succès qu'elle a obtenu dans la *Canaille* est indescriptible. — Enthousiasme sans précédents. Trois *bis ;* fleurs et rappels. »

Le Monde Illustré

12 Mars 1870.

Rien de piquant comme le long voyage entrepris par P. Véron, pour pénétrer dans les parages du *Grand Concert parisien*. Il arrive enfin, il se trouve au milieu d'un immense auditoire. Mme Bordas apparaît.

Écoutons le spirituel publiciste :

Critique du costume de Mme Bordas, analyse du chant *Place aux déshérités !* et en passant, un coup d'ongle, légitime d'ailleurs, à l'auteur des paroles.

Laissons parler M. Pierre Véron :

« Mme Bordas, dans ce premier morceau, avait surtout mis en relief ses défauts. Sa voix qui a une grande puissance et qui est tout à fait celle d'un fort ténor, avait abusé des cris...

« Ajoutez à cela un accent méridional très-prononcé...

« Diable ! cela prenait tout à fait la tournure d'une désillusion. Résolu, toutefois, à en avoir le cœur net, je me promis d'attendre jusqu'à dix heures et demie.

« Et je n'eus pas lieu de le regretter...

« Au milieu de la seconde partie, en effet, Mme Bordas reparut absolument transformée.

« Vêtue d'une robe de velours noir décolletée, avec une cordelière d'or autour de la taille, ses magnifiques cheveux flottant sur les épaules, elle était réellement saisissante dès son entrée en scène.

« Elle entama une imprécation contre la guerre, et nous saisîmes au vol ces vers :

> « Si vos armes, que l'on renomme,
> « Font comme on dit avec orgueil,
> « Dix cadavres en un clin d'œil,
> « Il faut vingt ans pour faire un homme ! »

« Là-dessus, des trépignements frénétiques d'éclater. Et c'était justice.

« Le succès, toutefois, ne devait prendre de colossales proportions que lorsque, après plusieurs rappels, Mme Bordas revint, tenant en main le fameux drapeau, et commença l'*hymne de la Patrie*.

« Je ne suis nullement enclin aux admirations de commande, et la sincérité même avec laquelle je critiquais tout à l'heure, vous est un sûr garant de mon impartialité. Eh bien ! je le déclare, il y a chez cette femme une étincelle du feu sacré.

« Les brutalités de diction que je condamnais plus haut disparaissent : tout se fond, et c'est vraiment une belle chose que le mouvement de passion désespérée avec laquelle elle étreint son drapeau en parlant de la *Patrie qui ne meurt jamais !* on dirait une mère serrant son enfant contre son sein pour le dérober aux coups d'ennemis invisibles.

« Qu'on ne s'y trompe pas. C'est une poétique toute neuve qu'apporte cette chanteuse à la veille de devenir illustre. Elle répond à un mouvement d'idées qu'on ne peut ni contester, ni entraver. Elle est un symptôme, tout comme la pièce *des Ouvriers* de M. Manuel à la Comédie-Française.

« C'est le prolétariat demandant à être représenté dans l'art.

« Une femme telle que Mme Bordas peut, si elle le veut, exercer une salutaire influence. Pour cela, il faut qu'elle parle au peuple le langage des nobles sentiments et des aspirations généreuses. Cela vaudrait certes mieux que l'inepte gaieté des obscènes refrains secouant les échos du cabaret borgne...

« ... Mme Bordas n'est pas seulement une individualité. C'est un signe du temps. »

III

ÉTUDES LITTÉRAIRES

L'ÉTOILE

A Madame Jane B... A...

I

Ainsi vous ignorez, madame,
Ce que c'est qu'un café-concert,
Ce qu'on y lit sur le programme,
Ce qu'on y voit, ce qu'on y sert.

Dans un d'eux je vais vous conduire ;
La nuit tous les couples sont gris.
Il n'est plus temps de vous dédire :
—Cocher, au faubourg Saint-Denis !

C'est une salle où, renfermée,
La foule énorme se confond ;
Où le gaz trouant la fumée,
En jet de sang monte au plafond.

Entre chaque table s'élance
Un garçon à faire rêver.
C'est un bruit !... Puis c'est un silence :
Le rideau vient de se lever.

Un frisson passe sur la foule ;
L'enthousiasme s'est accru ;
Sous les bravos, la salle croule.
—C'est elle !—L'Étoile a paru.

II

Elle a les cheveux blonds d'une Ève ;
Son front est pur ; son œil est bleu ;
Le regard exprime le rêve ;
La bouche répond :—Sacrebleu !

Cette bouche aux dents éclatantes,
A des lèvres de minium,
Et ses notes retentissantes,
Arrachent un « *Tiens !* » aux Barnum.

L'ensemble du corps est robuste :
C'est le triomphe de la chair ;
Les bras levés, tirant le buste,
Se raidissent les poings en l'air,

On croirait voir une Statue
Qui, lasse de son piédestal,
En serait enfin descendue
Par un matin de floréal,

Une Ville, une République,
Une amoureuse des tambours,
Désignant d'un geste héroïque
La frontière à ceux des faubourgs.

Sa voix dit et redit : Vengeance !
En de longs accents furieux ;
Mais sur son front est l'espérance,
Et l'avenir luit dans ses yeux.

A l'horizon, l'aube naissante,
L'entourera de sa clarté,
Et la déesse rayonnante,
Parlera de fraternité.

III

Elle nous vient de la Provence,
Où soufflent les vents de la mer,
Où l'on respire l'éloquence
Tout enfant, en respirant l'air.

Au seuil de la Gaule latine,
Elle a tendu, dès son réveil,
Sa tête rieuse et mutine
Pour avoir un coup de soleil.

Ensuite, sa voix qui résonne,
A salué tous les échos,
Allant du Rhône à la Garonne,
Des tivolis au musicos.

Elle chantait, dressant sa taille,
Les Soldats et les Travailleurs,
Les Gars, les Marins, la Canaille,
Les mains rudes et les grands cœurs.

Ou bien, elle évoquait l'histoire ;
Elle saisissait un drapeau,
Et venait en tunique noire
Pleurer la Pologne au tombeau.

La Pologne est un mélodrame,
Et le drapeau sent son vieux jeu,
D'où vient donc leur effet sur l'âme ?
—J'entends l'âme des gens de peu.—

Il vient de cette foi profonde,
Dans la justice et dans l'amour,
Qu'aura toujours le pauvre monde
Et qu'il applaudira toujour.

De cette pitié fraternelle,
Qui met les armes à la main,
Et crie à la France nouvelle :
—Sois le soldat du genre humain !...

IV

Rosa Bordas. L'*as* est sonore
Avec quelque chose de sourd ;
L'oreille au loin entend encore
Le bruit décroissant du tambour.

Et l'esprit, qui cherche une thèse,
De la fille du mont Ventoux
Fait aussitôt la Marseillaise
De Rouget et de Barbaroux.

Nous l'apercevons sous la porte
De notre faubourg Saint-Denis,
Précédant la jeune cohorte
Des volontaires de Paris.

Le soleil d'Août quatre-vingt-douze
Illumine son front vainqueur,
Qu'ils portent l'habit ou la blouse
Les citoyens n'ont plus qu'un cœur.

Tous les bras sont tendus vers elle,
—Nous te saluons, ô beauté !
Pour suivre tes pas, Immortelle,
Nous quitterons notre cité.

Tu nous mèneras aux frontières,
A ton moindre geste soumis ;
Car tous les peuples sont nos frères.
Et les tyrans nos ennemis !...

TONY RÉVILLON.

ROSA BORDAS

L'orchestre a préludé... soudain, tout fait silence;
Et Bordas apparaît, et des frissons ardents
Ont ébranlé les nerfs de cette foule immense
Qui se tait, puis l'acclame en des bravos stridents.
Elle a, comme un lutteur entrant dans la carrière,
Ce regard assuré qui dit : Croyez en moi !
Sa tête fièrement se rejette en arrière,
Et dans la salle court un indicible émoi.
Bordas a prononcé le grand nom de la France.
La voyez-vous superbe, et le front inspiré,
Comme la Muse antique implorant l'espérance,
Et sur les cœurs éteints soufflant ce feu sacré
Dont si longtemps l'éclair illumina le monde !
—Siècle flétri qui veux jouir, jouir encor,
Le moment est venu, sors de la fange immonde ;
Écoute-la chanter, la femme aux lèvres d'or.

—Mais l'hymme du combat de sa bouche ruisselle,
Sa blonde chevelure à flots éblouissants
Sous les plis du drapeau se déroule, étincelle !
Le pays se retrouve à ces mâles accents.
Gaulois, c'est Velléda !... Vieux Francs, c'est Geneviève !
Français, c'est Jeanne d'Arc, l'ange de Domrémy
Qui, de ses premiers ans réalisant le rêve,
Conduit, le glaive en main, les preux à l'ennemi.
Cette voix palpitante est le cri des cymbales
Qui fait tressaillir l'âme et bouillonner le sang,
Le fracas du canon, le sifflement des balles.
On voit chacun lutter et mourir à son rang.

Où son timbre sonore, où sa voix saccadée
Décoche à bout portant le trait qui fait bondir,
Où la femme s'incarne et se perd dans l'idée,
Où l'on voit son talent s'exalter et grandir,
C'est quand à l'auditoire, en notes triomphales
Elle a jeté son cri : Liberté ! Liberté !
C'est toi qui, sur son front, des plaines sidérales,
Fais briller ton étoile, ô noble Déité !
Ton nom devient pour elle une ardente prière
Qui monte, monte encor sur des ailes de feu ;
On la voit à tes pieds, courbant sa tête altière,
Te nommer à genoux la plus grande après **Dieu**.

Bordas, en ton honneur, ô vierge trois fois sainte,
Redit un chant sacré d'espérance et d'amour !
Et chacun dans la vaste et pacifique enceinte,
Liberté, te salue et bénit ton retour !

Sceptiques et frondeurs, venez aussi l'entendre !
Ah ! quand vous la verrez, avocat du malheur,
Des larmes dans les yeux, d'une voix douce et tendre,
Exhaler un sanglot vrai comme la douleur,
Et quand de la misère évoquant le fantôme,
Elle vous montrera la mère, l'orphelin,
Dans la sombre mansarde ou sous le toit de chaume,
Blêmes et décharnés, sans un morceau de pain,
Alors, vous sentirez palpiter vos poitrines,
Et vous la bénirez, celle qui vint un jour
Vous rappeler du Christ les célestes doctrines,
Et réconcilier vos cœurs avec l'amour.

La voilà, cette femme à l'âme ardente et pure,
Qui du grand art a su deviner les secrets ;
Elle doit ce qu'elle est à la seule nature,
Et son maître est l'instinct des choses du progrès.
Non, son talent n'est pas anathème et colère,
Son rêve est l'idéal, son culte, c'est le beau ;
Chapeau bas ! saluez la Rachel populaire,
L'aurore qui succède à la nuit du tombeau.
Mais ici, je proteste, au nom du sens pratique,
Contre cet engouement qui, sans pudeur, ose,

Abaissant les hauteurs de notre art dramatique,
Comparer, accoler Rachel et Thérésa.
Non pas que je prétende amoindrir la nature
De cette fille étrange, au robuste talent,
Qui jetait chaque soir au public en pâture
Son organe excentrique et son geste insolent.
Mais, répondez, ô vous ses élus, ses fidèles,
Qu'a produit Thérésa ? Dites les sentiments,
Les sublimes pensers, les chaudes étincelles,
Que dans le cœur du peuple aux larges battements
A fait naître et jaillir votre forte diseuse,
La perle des salons, la diva des faubourgs ?
Elle vous a charmés dans votre vie oiseuse,
Amis des mots risqués, des méchants calembours,
Jeunes gens qui dormiez quand s'éveille la France !
Et vous, bourgeois ventrus, ravis de ses hoquets,
La bouche en cœur, et pleins d'une aimable assurance,
Sur elle vous avez fait grêler les bouquets.
Que dis-je ? Vous avez, fiers gardiens des familles,
Pour contempler de près la merveille du jour,
Conduit à l'Alcazar vos femmes et vos filles....
Idiots ou tarés... Mais pour l'art, à son tour,
Quel triste enchaînement d'erreurs et de ruines !
Artistes et rimeurs soudain se sont lancés
Dans ces chemins boueux, dans ces basses ravines.
Par de hardis rivaux les faibles distancés,
Inondèrent Paris de chansons graveleuses ;
Et le goût du public émoussé se blasa.
Plus de couplets galants, plus de rondes joyeuses !
Voilà, mes beaux messieurs, l'œuvre de Thérésa !

Bordas vers les hauteurs en chantant nous élève,
Et vient, bien tard, hélas ! remplir sa mission ;
Les bravos que son nom dans la foule soulève,
Veulent dire à la fois le réveil, l'action ;
Non pas cette action de la force brutale
Qui tua trop souvent le droit, la liberté ;
Mais l'amour du devoir, cette force morale
Qui du peuple ici-bas fait une Majesté.
Des compromis sans nom, des lâches défaillances,

Du régime énervant des prostitutions
Il faut dédommager les droites consciences,
Et donner la parole aux nobles passions.
Les défauts dans cet art délicat de bien dire
Que trouvent à Bordas des esprits de valeur,
Laissons-les, et cherchons le grand but qui l'inspire :
Son chant sait remuer l'âme du travailleur.

A l'œuvre, donc, à l'œuvre, artisans de la plume !
Au réveil de la France il faut vous consacrer ;
Quand le métal est rouge, on frappé sur l'enclume,
Vous avez l'interprète !... à vous de l'inspirer !
Arrière le mot vide et place à la pensée,
A la pensée ardente, aux tenailles de fer,
Qui vient mordre le cœur de la foule oppressée.
Promenez le flambeau dans ce lugubre enfer
Où pleurent sans espoir les gueux, les misérables ;
Pitié pour ces maudits avides de savoir
Qui, parfois égarés ne sont point des coupables ;
Il faut les diriger au sentier du devoir,
Sauver de la ruïne, arracher à la fange
Ceux que le bon vieux temps clouait aux piloris.
Le pain matériel n'est pas le seul qu'on mange,
Sachez former les cœurs et nourrir les esprits.
Aux stupides éclats d'un fougueux chauvinisme,
Qui ne rêve que sang, mitraillade et combat,
Opposez les splendeurs du vrai patriotisme
Qui, de tout citoyen saura faire un soldat.
Ouvrez les horizons à ce peuple sublime !
Des savants, des penseurs livrez-lui les secrets ;
Qu'il s'avance, les yeux attachés sur la cime
Où flotte rayonnant le drapeau du progrès.

Vous, madame, suivez toujours vaillante et libre
La route où le succès vous sourit, vous attend ;
Aux accents généreux l'âme française vibre,
Paris est le lion que l'on dompte en chantant.

Am. Burion.

IV

ÉPILOGUE

Bénéfice de Mlle Clarisse Miroy au théâtre de la Gaîté.

Le 9 avril 1870, Mme Bordas donnait son concours à Clarisse Miroy.

Nous avons voulu nous rendre compte, par nous-même, de l'effet que produit Rosa Bordas sur un public qui n'est pas le sien.

A minuit, elle apparaît: acclamations du parterre et du paradis; silence et dignité des loges.

Première strophe de l'*Invasion*. La salle écoute, les loges babillent.

Seconde strophe. La salle s'anime, les loges écoutent.

Troisième strophe. Salle, loges, balcon, tout s'ébranle, applaudit.

Rappel; l'enthousiasme déborde; les loges se lèvent, les bouquets pleuvent, les mains agitent les mouchoirs; fleurs, *bis*, ovation!

Mais aussi, comme ces scènes navrantes de l'*Invasion* sont puissamment rendues! comme rugit cette lionne, comme sanglote cette épouse, cette mère qui a vu son mari tombant sous la baïonnette de l'étranger, la tête blonde de sa fille brisée sur la pierre rougie de sang!

Après l'*Invasion*, Rosa Bordas, aux réclamations toni-truantes de la foule, entonne le chant populaire : *Dans la vieille cité française*.

Le succès était assuré d'avance ; contentons-nous de le constater.

En somme, la soirée du 9 avril a été, pour Mme Bordas, l'occasion d'un triomphe éclatant. Le public de la Gaîté a ratifié d'une voix unanime le jugement du public des cafés-concerts.

Pas à dédaigner ces **vigoureux auditeurs** qui, foudroyés avec leur diva, par les **carreaux du sexagénaire B. d'Aure-villy**, ne s'en portent pas plus mal, et dont le cœur est accessible à tous les sentiments généreux.

Dernière heure

A l'occasion du bénéfice de Mme Julia Baron, les habitués du *Palais-Royal* ont voulu entendre Rosa Bordas.

C'est en tremblant que la diva populaire a répondu à cet appel ; le public du Palais-Royal lui a fait l'accueil le plus sympathique.

L'*Invasion* et la *Canaille* ont été applaudies. C'est un succès dont Rosa Bordas peut être fière. *La fortune favorise les audacieux.*

Courage donc, Madame, une fois de plus, Paris a consacré votre talent.

A_M. B_{URION}

FIN

PARIS. — IMPRIMERIE CHAUMONT, 6, RUE SAINT-SPIRE.

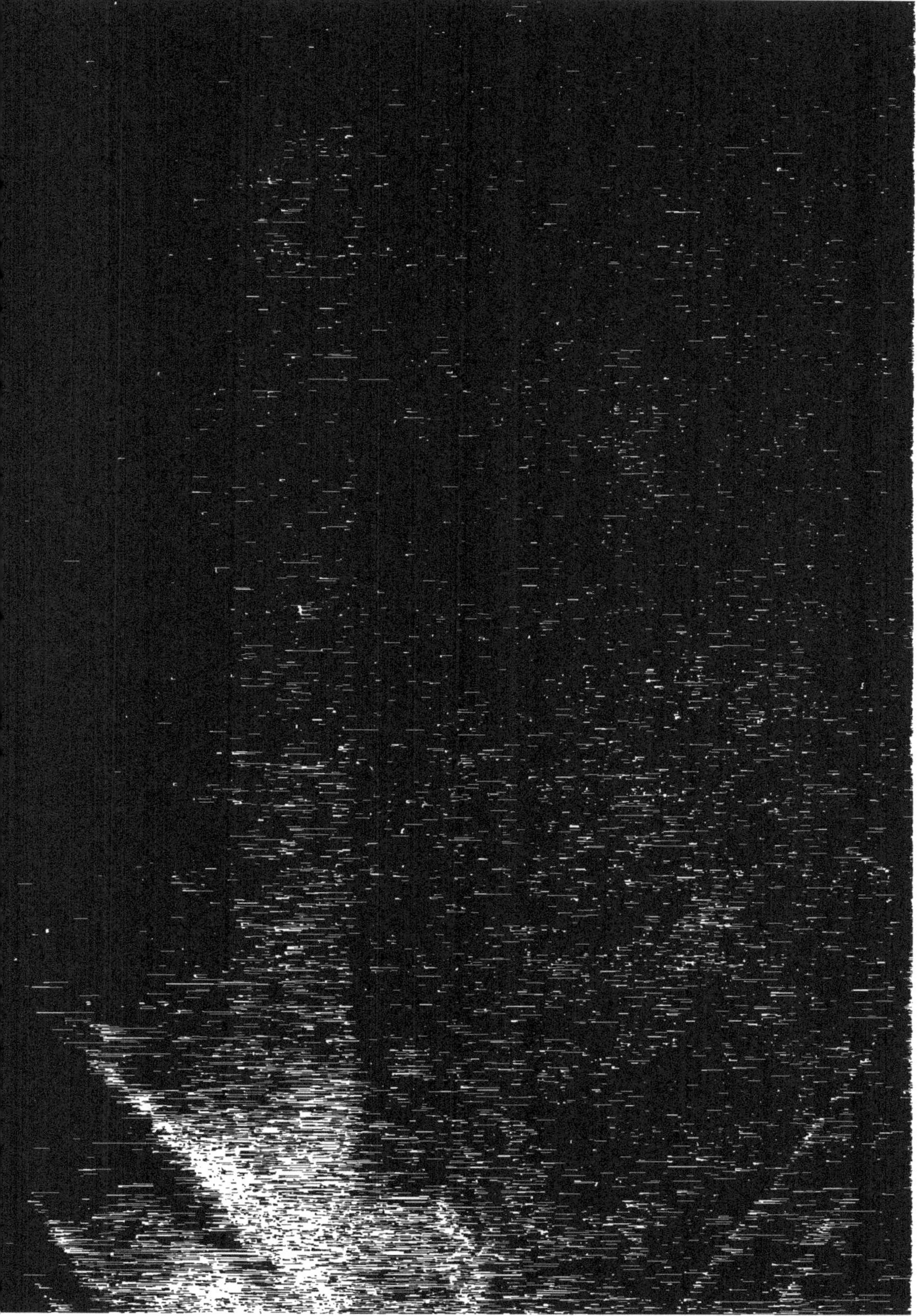